8 Lk 3 1797

Arcis-sur-Aube
1886

Lalore, Charles

Liste des prieurés, commanderies et hôpitaux de l'ancien diocèse de Troyes, d'après le pouillé de l'évêché de 1761

LISTE

DES

PRIEURÉS

COMMANDERIES & HOPITAUX

DE L'ANCIEN DIOCÈSE DE TROYES

d'après le Pouillé de l'Évêché de 1761

PAR

M. L'Abbé Ch. LALORE

ARCIS-SUR-AUBE

IMPRIMERIE LÉON FRÉMONT, ÉDITEUR

de la Revue de Champagne et de Brie

—

1886

LISTE

DES

PRIEURÉS, COMMANDERIES ET HOPITAUX

DE L'ANCIEN DIOCÈSE DE TROYES

d'après le Pouillé de l'Evêché de 1761

Par M. l'abbé Ch. LALORE.

————————

I. Les prieurés étaient des établissements religieux qui dépendaient des abbayes et dans lesquels des religieux, en petit nombre, menaient la vie conventuelle et régulière sous la dépendance d'un prieur. Pendant les premiers siècles de l'histoire monastique, tant que dura la ferveur des instituts religieux et que les règles primitives furent observées, il n'y avait que des prieurés conventuels.

Vers le milieu du XIIIe siècle, beaucoup de prieurés en France, par défaut de religieux, devinrent prieurés simples, donnés en commende à un moine ou à un ecclésiastique, et quelquefois même à un laïque qui se contentait d'en percevoir les revenus, en faisant acquitter par un ecclésiastique les charges spirituelles, s'il y en avait.

D'après le *Registre des visites* de l'évêque de Troyes en 1499 [1], il restait encore à cette date au moins neuf prieurés conventuels dans l'ancien diocèse de Troyes :

1. Notre-Dame de Foissy, 2. Gaye, 3. Notre-Dame-en-l'Isle, 4. Saint-Gond, 5. Saint-Jacques-de-l'Hermitage, 6. Saint-Julien de Sézanne, 7. Saint-Quentin, 8. Saint-Sépulcre, 9. Le Val-Dieu.

A la fin du XVIIe siècle, il n'y avait plus que quatre prieurés conventuels : Foissy, Gaye, Saint-Julien de Sézanne, le Val-Dieu.

—————

1. Archiv. de l'Aube, G. *Reg.* 1344.

II. Les commanderies et les anciens hôtels Dieu sont assimilés aux prieurés, parce qu'originairement ces établissements étaient occupés ou dirigés par des religieux dont le supérieur s'appelait commandeur ou prieur.

III. Nous donnerons ailleurs le catalogue des nombreuses léproseries du diocèse de Troyes. Ces établissements n'ont pas eu une grande importance si nous exceptons la léproserie des Deux-Eaux. Dans les temps modernes cette léproserie était comptée parmi les hôpitaux de Troyes.

---

1. L'Abbaye-sous-Plancy (de Abbatia), sur la paroisse du même nom, doyenné d'Arcis, prieuré de l'ordre de S. Benoît, dépendant de l'abbaye de Molème. L'évèque a droit de visite et de procuration. Revenu net, 1,400 l.

L'Abbaye-sous-Plancy, Aube, arr. Arcis, cant. Méry.

2. Allemant (de Allemento), dans l'église paroissiale du même nom, doyenné de Sézanne, prieuré de l'ordre de S. Benoît, dépendant de l'abbaye d'Oyes, puis de l'abbaye de Montier-la-Celle. L'évèque a droit de visite et de procuration. Revenu net, 450 l.

Allemant, Marne, arr. Epernay, cant. Sézanne.

Allibaudières :

3. 1º Prieuré d'Allibaudières (de Aillebauderiis), doyenné d'Arcis, autrefois (avant 1441) prieuré-cure de l'ordre de S. Augustin, dépendant de l'abbaye de Toussaints-en-l'Isle de Châlons, maintenant à la collation de l'évèque. L'évèque a droit de visite et de procuration. Revenu, 700 l. Fabrique, 250 l.

4. 2º Le Meix d'Allibaudières. Cette maison qui appartenait à l'abbaye d'Hauvilliers fut cédée le 6 avril 1235 au comte Thibaut IV, qui la donna, au mois de juin 1236, à Alix de Boulancourt [1] pour y établir une maison religieuse de l'ordre de S. Augustin.

---

1. Au mois de juin 1239, le comte Thibaut donna l'hôpital Saint-Nicolas de Bar-sur-Aube à Alix de Boulancourt, qui en est la première prieure de l'ordre de S. Augustin.

5. 3° Saint-Nicolas d'Allibaudières (de Sancto Nicolao), doyenné d'Arcis. Ce prieuré dépendait autrefois de l'abbaye de Chantemerle ; le titre a été transféré dans le château de Dampierre.

Allibaudières, Aube, arr. et cant. Arcis.

6. Angluzelle (de Anglurella), doyenné d'Arcis, dédié à S. Gervais et à S. Protais, dans l'église de la paroisse d'Angluzelle, prieuré de l'ordre de S. Benoît, dépendant de l'abbaye de Montiéramey. L'évêque a droit de visite et de procuration. Revenu net, 390 l.

Angluzelle, Marne, arr. Epernay, cant. Fère-Champenoise.

Arcis :

7. 1° Prieuré d'Arcis (de Arceys), dedié à Notre-Dame et à S. Baussenge, sur le territoire de la paroisse d'Arcis, prieuré de l'ordre de S. Benoît, dépendant de l'abbaye de Marmoutiers. Il est exempt de la visite et de la procuration moyennant composition. Revenu, 800 l.

.8. 2° Ancien hôtel-Dieu doté par Pierre d'Arcis, évêque de Troyes, et donné aux Cordeliers d'Arcis en 1651.

9. 3° La Belle-Dame, la Belle-Notre-Dame, la Chapelle de la Belle-Dame (de Pulchra Domina, de Pulchra Domina Nostra, Capella de Pulchra Domina), sur la paroisse d'Arcis, à l'ouest, prieuré-commanderie de l'ordre de Saint-Jean de Jérusalem, dépendant de la commanderie de Troyes, puis du grand-prieur de France. L'évêque a droit de visite et de procuration.

22 mars 1563 : « Commanderie de ce lieu d'Arcis, appelée la Chapelle de la Belle-Dame, fondée en l'honneur de la Vierge Marie. Dépendant du commandeur de Rodde. » [Archiv. de l'Aube, G. *lias.* 228.]

Arcis-sur-Aube, Aube.

10. Auzon (de Ausonno), doyenné de Brienne, prieuré-cure de l'ordre de S. Augustin, dépendant de l'abbaye de Saint-Loup de Troyes. L'évêque a droit de visite et de procuration. Revenu, 800 l. Fabrique, 25 écus.

Auzon, Aube, arr. Troyes, cant. Piney.

11. Avon-la-Pèze (de Avone), doyenné de Marigny, sur la paroisse d'Avon, prieuré de l'ordre de S. Benoît, dépendant de l'abbaye de Pothières. L'évêque a droit de procuration. Revenu, 300 l.

Avon-la-Pèze, Aube, arr. Nogent-sur-Seine, cant. Marcilly-le-Hayer.

12. Bailly (de Bailliaco, de Sancta Columba), dédié à sainte Colombe, à Saint-Etienne-aux-Ormes, succursale de Saint-Ouen, doyenné de Margerie, prieuré de l'ordre de S. Benoit, dépendant de l'abbaye de Marmoutiers. Exempt. Revenu net, 800 l.
Bailly, Marne, arr. Vitry-le-François, cant. Sompuis, comm. Saint-Ouen.

Barbonne :

13. 1° Commanderie de Barbonne (de Barbona), sur la paroisse du même nom, doyenné de Sézanne, commanderie réunie à celle de Coulours.

14. 2° Saint-Jacques du Haut-Pas de Barbonne, ancien hôpital, qui fut tranformé en couvent de bénédictines, puis réuni au couvent de Sainte-Scholastique, près Troyes, en 1727-1728.
Barbonne-Fayel, Marne, arr. Epernay, cant. Sézanne.

15. Baudement (de Baldimento), dans la paroisse de Baudement, doyenné de Sézanne, prieuré de l'ordre de S. Augustin, dépendant de l'abbaye de Saint-Quentin de Beauvais. L'évêque a droit de visite et de procuration. Revenu, 1,100 l.
Baudement, Marne, arr. Epernay, cant. Anglure.

16. Beaufort ou Montmorency (de Belloforte), dans l'église de Beaufort, doyenné de Margerie, prieuré de l'ordre de S. Benoît, dépendant de l'abbaye de Montiérender. L'évêque a droit de visite et de procuration. Revenu net, 600 l.
Montmorency, Aube, arr. Arcis-sur-Aube, cant. Chavanges.

17. Beaumont (de Bellomonte), sur la paroisse de Courbetaux, doyenné de Sézanne, prieuré ou maladrerie dite aussi les Hermites de Beaumont, de l'ordre de Saint-Quentin-au-Pré, diocèse de Cambrai. Il est réuni à Saint-Quentin-au-Pré.
Beaumont, Marne, arr. Epernay, cant. Montmirail, comm. Courbetaux.

18. Beauvoir (de Bello Visu, *Beauvoir-les-Allemands*), sur la paroisse de Chaumesnil, doyenné de Brienne, commanderie de l'ordre Teutonique, chef-lieu de l'ordre en France, réuni à

l'abbaye de Clairvaux. [En 1501-1503. Voir aux *Chartes de Beauvoir, Introduct.*, p. L-LI.]

Beauvoir, Aube, arr. Bar-sur-Aube, cant. Soulaines.

19. Le Béchet (de Becheto), dans la paroisse de Pleurs, doyenné de Sézanne, prieuré de l'ordre de S. Benoît, dépendant de l'abbaye de Molême. L'évêque a droit de visite et de procuration. Revenu, 200 l.

Le Béchet, Marne, arr. Epernay, cant. Sézanne, comm. Pleurs.

20. Belleau (de Bella Aqua), dans la paroisse de Tréfols, doyenné de Sézanne, autrefois abbaye de religieuses, présentement desservi par un religieux, de l'ordre de Citeaux, dépendant de Clairvaux. L'évêque a le droit de visite seulement. Revenu, 1,300 l.

Belleau, Marne, arr. Epernay, cant. Esternay, comm. Villeneuve-la-Lionne.

21. Blaincourt (de Blaincuria), doyenné de Brienne, prieuré-cure de l'ordre de S. Augustin, dépendant de l'abbaye de Saint Loup de Troyes. L'évêque a droit de visite et de procuration. Revenu, 1,350 l. environ. Fabrique, 100 l.

Blaincourt, Aube, arr. Bar-sur-Aube, cant. Brienne.

22. Blignicourt (de Blaingnicuria), doyenné de Brienne, prieuré-cure de l'ordre de Prémontré, dépendant de l'abbaye de Beaulieu. L'évêque a droit de visite et de procuration. Revenu de 900 à 1,000 l. Fabrique, 70 l. environ.

Blignicourt, Aube, arr. Bar-sur-Aube, cant. Brienne.

23. Bonlieu (de Bono Loco), sur la paroisse de Piney, doyenné de Brienne, commanderie réunie à celle de Troyes.

Bonlieu, Aube, arr. Troyes, comm. Piney.

24. Bons-Hommes d'Hervy ou d'Isle (Cella Bonorum Hominum) dans la forêt d'Ervy-les-Isle-Aumont, près d'Isle-Aumont, doyenné de Troyes, prieuré de l'ordre de Grammont, dépendant du prieuré puis de l'abbaye de Macheret. Revenu, 90 l. Fondés en 1224.

Bons-Hommes, Aube, arr. et cant. Troyes, comm. Isle-Aumont.

25. Boulancourt (Dames et maison des Dames de), ancien prieuré, dit *Domine de Bullencurte* ou *Domus Dominarum*

Bullencurtis, situé non loin de l'abbaye de Boulancourt, et qui a suivi la même règle.

Boulancourt, Haute-Marne, arr. Vassy, cant. Montiérender.

26. Bouy-sur-Orvin (de Boyaco), dans la paroisse de ce nom, doyenné de Marigny, prieuré de l'ordre de S. Benoît, dépendant de l'abbaye de Cormery. L'évêque a droit de visite et de procuration. Revenu, 1,200 l.

Bouy, Aube, arr. et cant. de Nogent-sur-Seine. — Cormery, Indre-et-Loire, arr. Tours, cant. Montbazon.

Brienne :

27. 1° Brienne (de Brena-Castro), dans l'église paroissiale de Brienne-le-Château, prieuré de l'ordre de S. Benoît, dépendant de l'abbaye de Montiérender. L'évêque a droit de visite et de procuration. Revenu, 1,500 l.

28. 2° Ancien hôpital-Dieu (domus Dei de Brena Castro), à la collation de l'évêque et à le présentation de l'abbé de Montiérender, plus tard réuni au couvent des Minimes de Brienne.

29. 3° Hôpital, desservi par quatre Sœurs de la Charité, établies en 1653 par Louise de Béon-Luxembourg, comtesse de Brienne.

Brienne-le-Château, Aube, arr. Bar-sur-Aube.

30. Brillecourt (de Bruillicuria), dans la paroisse du même nom, doyenné de Margerie, ancien prieuré de l'ordre de S. Benoît, dépendant de l'abbaye de Montier-la-Celle, détruit depuis longtemps.

Brillecourt, Aube, arr. Arcis-sur-Aube, cant. Ramerupt.

31. Bucey-en-Othe (de Buceyo), doyenné de Villemaur, prieuré-cure de l'ordre de S. Augustin, dépendant de l'abbaye de Saint-Loup de Troyes. L'évêque a droit de visite et de procuration. Revenu, 700 l. Fabrique 150 l.

Bucey, Aube, arr. Troyes, cant. Estissac.

32. La Celle-sous-Chantemerle (de Cella subtus Cantumerulam), dans la paroisse du même nom, doyenné de Pont, prieuré de l'ordre de S. Benoît, dépendant de l'abbaye de Montier-la-Celle. L'évêque a droit de visite et de procuration. Revenu, 1,200 l. — Maintenant uni à la chapelle du château de Madrid dans le bois de Boulogne.

La Celle, Marne, arr. Epernay, cant. Anglure.

33. Chalette (de Chaleta), la chapelle du prieuré était autrefois sur le finage de Chalette (doyenné de Margerie), elle est maintenant sur le finage de Lesmont (doyenné de Brienne). Prieuré simple de l'ordre de S. Augustin, dépendant de l'abbaye de Saint-Loup de Troyes et qui s'est appelé anciennement Hôpital ou Maladrerie de la Morée. L'évêque a droit de visite et de procuration. Revenu net, 1,000 l. environ. Réuni à l'abbaye de Saint-Loup, en 1783, en faveur des Ecoles chrétiennes et gratuites.

Chalette, Aube, arr. Arcis-sur-Aube, cant. Chavanges.

34. Champguyon (domus de Campo Guidonis), doyenné de Sézanne, ancien hôpital, réuni à la commanderie de Chevry.

Champguyon, Marne, arr. Epernay, cant. Esternay.

35. La Chapelle-Lasson (de Capella Laxonis), doyenné de Sézanne, d'abord prieuré-hôpital, puis prieuré-cure de l'ordre de Saint-Jean de Jérusalem ou de Malte, à la présentation du grand-prieur de France, ou du commandeur du Temple de Paris. (La Chapelle-Lasson était cure en 1499). L'évêque a droit de visite et de procuration. La Chapelle-Lasson était autrefois un hôpital duquel relevait l'hôpital de Rosnay et quand l'évêque visitait la Chapelle-Lasson il prélevait la redevance d'un florin de Florence à cause de l'hôpital de Rosnay, qui se trouvait exempt par cette composition.

La Chapelle-Lasson, Marne, arr. Epernay, cant. Anglure.

36. La Chapelle-Saint-Nicolas (de Capella S. Nicholai), près l'église paroissiale du même nom, doyenné de Pont, prieuré de l'ordre de S. Benoît, dépendant de l'abbaye de Montier-la-Celle. L'évêque a droit de visite et de procuration. Revenu net, 1,000 l.

Saint-Nicolas, Aube, arr. et cant. Nogent-sur-Seine.

Chappes :

37. 1º Prieuré de Chappes (de Capis), doyenné de Troyes, dans la paroisse du même nom, prieuré de l'ordre de S. Benoît, dépendant de l'abbaye de Montiéramey. L'évêque a droit de visite et de procuration. Revenu net, 300 l.

38. 2º Ancien Hôtel-Dieu de Chappes (domus Dei de Capis), dépendant de la commanderie du Temple.

Chappes, Aube, arr. et cant. Bar-sur-Seine.

Châtres. Voir Saint-Pierre-aux-Prés.

39. La Chaussée-sous-Montmirail (de Calceia, domus de Montemirabili), doyenné de Sézanne, prieuré-hôpital de l'ordre de S. Augustin. Revenu en 1407, XVIII l. XV s. Réunie au Grand-Séminaire en 1644.

La Chaussée-sous-Montmirail, Marne, arr. Epernay, cant. Montmirail, comm. Mécringes.

Le Chêne :

40. 1° Prieuré du Chêne (de Quercu), maintenant dans l'église paroissiale du même nom, doyenné d'Arcis, prieuré de l'ordre de S. Benoît, dépendant de l'abbaye de Saint-Remy de Reims. L'évêque a droit de visite et de procuration. Revenu, 1.000 l.

41, 2° Ancien hôtel-Dieu du Chêne (domus Dei de Quercu)), fondé en 1206 par Hodéaldis, dame de Plancy, et par Adam, prêtre du Chêne, donné en 1250 par l'évêque Nicolas de Brie aux religieux de Saint-Remy de Reims ; maintenant réuni au prieuré dans l'église du même lieu.

Le Chêne, Aube, arr. et cant. Arcis.

42. Choisel (de Choisello), autrefois dans la paroisse de Chichey, doyenné de Sézanne, puis transféré dans une chapelle de l'avant-cour du prieuré de Notre-Dame-en-l'Isle de Troyes, et depuis peu dans la chapelle de Notre-Dame-de-Pitié dans l'église du même prieuré. Choisel est un prieuré de l'ordre de S. Augustin, dépendant du Val-des-Ecoliers du diocèse de Langres et de Notre-Dame-en-l'Isle de Troyes. Uni maintenant au Grand-Séminaire.

Choisel, Marne, arr. Epernay, cant. Sézanne, comm. Chichey.

43. Clairlieu (de Claro Loco), sur la paroisse de Pâlis, doyenné de Villemaur, prieuré conventuel et régulier de l'ordre du Val-des-Choux. L'évêque a droit de visite et de procuration. Revenu, 1,000 l.

Clairlieu, Aube, arr. Nogent-sur-Seine, cant. Marcilly-le-Hayer, comm. Pâlis.

44. Dampierre (de Dampetra), dans l'église paroissiale du même lieu, doyenné de Margerie, prieuré de l'ordre de S. Benoît, dépendant de Marmoutiers. Exempt. Revenu net 1,500 l. — En 1118, de l'église paroissiale de Saint-Pierre dépendaient « Capellam Sanctæ Mariæ in Castro, et ecclesiolam de Maso Alerici, *du Mezalereau*. » Voir Allibaudières, Saint-Nicolas.

Dampierre, Aube, arr. Arcis-sur-Aube, cant. Ramerupt.

45. Der (de Dervo), dans l'église de Der qui est succursale de Pel, doyenné de Brienne, prieuré de l'ordre de S. Benoit, dépendant de l'abbaye de Montiérander. L'évêque a droit de procuration. Réuni maintenant au Grand-Séminaire de Troyes par lettres-patentes du 16 avril 1663. Revenu net, 1,500 l.

Der, Aube, arr. Bar-sur-Aube, cant. Brienne, comm. Pel-et-Der.

46. Les Deux-Eaux ou Saint-Lazare (de Duabus Aquis, Saint-Ladre), hors de la ville de Troyes, au bout de la chaussée du faubourg de Croncels, à l'entrée du village de Breviandes, anciennement desservi par des religieux et où les malades vivaient en communauté. Réuni aux hôpitaux de Troyes en 1630.

47. Domprot (de Domperoto), prieuré-cure de l'ordre de Prémontré, doyenné de Margerie, dépendant de l'abbaye de Moncets du diocèse de Châlons. Le prieur-curé doit 60 s. par an à l'évêque pour droit de visite et de procuration. Revenu, 700 l.

Domprot, Marne, arr. Vitry-le-François, cant. Sompuis.

48. Donnement (Domus Dei de Donnement), hôtel-Dieu dirigé par des religieux et des religieuses de l'ordre de S. Augustin, uni à l'hôtel Dieu le Comte de Troyes en 1196.

Donnement, Aube, arr. Arcis, cant. Chavanges.

49. Dosches (de Doschia), prieuré-cure de l'ordre de S. Augustin, doyenné de Troyes, dépendant de l'abbaye de Saint-Martin-ès-Aires de Troyes. L'évêque a droit de visite et de procuration. Revenu, 1,200 l. Fabrique, 200 l.

Dosches, Aube, arr. Troyes, cant. Piney.

50. Droupt-Sainte-Marie (de Droco Sanctæ Mariæ), doyenné d'Arcis, autrefois prieuré-cure de l'ordre de S. Augustin, dépendant de l'abbaye de Saint-Quentin de Beauvais. C'est maintenant une cure. Revenu, 1,000 l. Fabrique, 40 écus.

Droupt-Sainte-Marie, Aube, arr. Arcis, cant. Méry-sur-Seine.

51. Esclavolles (de Esclavolla), dans la paroisse du même nom, doyenné de Pont, prieuré de l'ordre de S. Benoît, il dépendait du prieuré de Saint-Julien de Sézanne, auquel il est réuni. Exempt de la visite de l'évêque, il doit la procuration. Il ne reste plus de vestiges de ce prieuré.

Esclavolles, Marne, arr. Epernay, cant. Anglure.

52. Etrelles (de Estraelis), doyenné d'Arcis, prieuré-cure de l'ordre de S. Augustin, dépendant de l'abbaye de Chante-merle. L'évêque a droit de visite et de procuration. Revenu, 900 l. Fabrique, 150 l.

Etrelles, Aube, arr. Arcis, cant. Méry-sur-Seine.

53. Foissy (de Foissiaco) près de Saint-Parre-aux-Tertres, dans l'archiprêtré de Troyes, prieuré de l'ordre de Fontevrault. Exempt de la visite épiscopale. La prieure est élective et trien-nale. Revenu, 1,100 l.

Foissy, Aube, arr. et 1er cant. Troyes.

54. Fouchères (de Fulcheriis), dans la paroisse du même nom, doyenné de Troyes, prieuré de l'ordre de S. Benoît, dé-pendant de l'abbaye de Molême. L'évêque a droit de visite et de procuration. Revenu net, 700 l.

Fouchères, Aube, arr. et cant. Bar-sur-Seine.

55. Fresnoy (de Frasneio, Frasnoi, Fraisnoi), sur la paroisse de Montpotier, doyenné de Pont, commanderie dépendant de celle de la Ferté-Gaucher.

Fresnoy, Aube, arr. Nogent-sur-Seine, cant. Villenauxe, comm. Montpotier.

56. Le Gault (de Gaudo), doyenné de Sézanne, prieuré-cure de l'ordre de S. Augustin, dépendant de l'abbaye de Notre-Dame de Vertus. L'évêque a droit de visite et de procuration. Revenu, 1,900 l. environ. Fabrique, 20 écus environ.

Le Gault, Marne, arr. Epernay, cant. Montmirail.

57. Gaye (de Gaya), dans la paroisse du même nom, doyenné de Sézanne, prieuré conventuel ou doyenné, de l'ordre de S. Benoît, dépendant de Cluny. Religieux au nombre de trois : le prévôt, le chambrier, le sacristain ou trésorier. Le doyen ou prieur, qui était élu par le pape, est maintenant en com-mende. Revenu, 5,000 l.

Gaye, Marne, arr. Epernay, cant. Sézanne.

58. La Grâce (de Gratia), dans la paroisse de Courbetaux, doyenné de Sézanne, autrefois abbaye de femmes, maintenant prieuré de l'ordre de Cîteaux, dépendant de Clairvaux. L'évêque a droit de visite seulement. Revenu, 1,150 l.

Courbetaux, Marne, arr. Epernay, cant. Montmirail, comm. de Courbetaux.

59. Herbisse (prieuré de Sainte-Madeleine, Sancta Magda-lena de Herbicia), sur le territoire de la paroisse du même nom,

doyenné d'Arcis; prieuré de l'ordre de S. Benoît, dépendant de l'abbaye de Rebais , maintenant réuni au Petit-Séminaire. L'évêque a droit de visite et de procuration. Revenu, 500 l.

Herbisse, Aube, arr. et cant. d'Arcis.

Hermitage de Pont. Voir Pont.

Hermites de Beaumont. Voir Beaumont.

60. Isle (de Insulis), dans la paroisse d'Isle-Aumont doyenné de Troyes, prieuré de l'ordre de S. Benoît, dépendant de l'abbaye de Molème. L'évêque a droit de visite et de procuration. Revenu net, 2,000 l.

Isle-Aumont, Aube, arr. Troyes, cant. Bouilly.

61. Jardin (de Jardino), doyenné de Sézanne, ancienne abbaye, ruinée en 1567, de l'ordre de Citeaux, sur la paroisse de Pleurs.

Bois-Jardin, Marne, arr. Epernay, cant. Sézanne, comm. Pleurs.

62. Jessains (de Gessenis), dédié à S. Nicolas, sur le territoire de Jessains qui est succursale de Trannes, doyenné de Brienne, prieuré de l'ordre de S. Benoît, dépendant de l'abbaye de Saint-Michel de Tonnerre, L'évêque a droit de visite et de procuration. Revenu net, 1,290 l.

Jessains, Aube, arr. Bar-sur-Aube, cant. Vendeuvre.

63. Joiselle (de Joisello), doyenné de Sézanne, prieuré-cure de l'ordre de S. Augustin, dépendant de l'abbaye de Notre-Dame de Vertus. L'évêque avait droit seulement à un florin de Florence quand il faisait la visite, Revenu, 800 l. Fabrique, 20 écus environ.

Joiselle, Marne, arr. Epernay, cant. Esternay.

64. Lachy (de Lachiaco), doyenné de Sézanne, prieuré-cure de l'ordre de S. Augustin, dépendant de l'abbaye de Notre-Dame de Vertus. L'évêque a droit de visite et de procuration. Revenu, 1,300 l.

Lachy, Marne, arr. Epernay, cant. Sézanne.

Laines-aux-Bois :

65. 1° Prieuré de Laines-aux-Bois (de Lanis ad Nemus), doyenné de Troyes, prieuré-cure de l'ordre de S. Augustin, dépendant de l'abbaye de Saint-Loup de Troyes. L'évêque a droit de visite et de procuration. Revenu, 1,000 l. Fabrique, 150 l. Voir aussi *Sainte-Croix de Laines-aux-Bois.*

66. 2° Sainte-Croix de Laines-aux-Bois (de Sancta Cruce de Lanis ad Nemus), sur le territoire de la paroisse du même nom, doyenné de Troyes, prieuré de l'ordre des Croisiers, dépendant de Sainte-Croix-de-la-Bretonnière de Paris. Revenu, 200 l.

Laines-aux-Bois, Aube, arr. et 3ᵉ cant. Troyes.

67. Lhuître (de Lustria), doyenné d'Arcis, prieuré-cure de l'ordre de S. Augustin, dépendant de l'abbaye de Toussaints-en-l'Isle de Châlons. L'évêque a droit de visite et de présentation. Revenu, 800 l. Fabrique, 220 l.

Lhuître, Aube, arr. Arcis, cant. Ramerupt.

68. Longsols (de Longosolido), doyenné de Brienne, prieuré-cure de l'ordre de S. Augustin, dépendant de l'abbaye de Saint-Loup de Troyes. L'évêque a droit de visite et de procuration. Revenu, 800 l. Fabrique, 150 l.

Longsols, Aube, arr. Arcis-sur-Aube, cant. Ramerupt.

69. Lusigny (de Lusigneyo), doyenné de Troyes, prieuré-cure de l'ordre de S. Augustin, dépendant de l'abbaye de Saint-Loup de Troyes. L'évêque a droit de visite et de procuration. Revenu, 1,000 l. Fabrique, 360 l.

Lusigny, Aube, arr. Troyes.

70. Luyères (de Lueriis), doyenné de Troyes, prieuré-cure de l'ordre de S. Augustin, dépendant de l'abbaye de S. Loup de Troyes. L'évêque a droit de visite et de procuration. Revenu 900 l. Fabrique, 100 l.

Luyères, Aube, arr. Troyes, cant. Piney.

71. Macheret (de Machereto), sur le territoire de Saint-Just, doyenné de Sézanne, prieuré de l'ordre de S. Benoît, dépendant de Grammont dans le diocèse de Limoges. [Haute-Vienne, arr. Limoges, cant. Laurière, comm. Saint-Sylvestre.] Le prieuré de Macheret fut érigé en abbaye en 1621. Revenu net, 3448 l.

Macheret, Marne, arr. Epernay, cant. Anglure, comm. Saint-Just.

72. Maizières-la-Grande-Paroisse (de Maiseriis), doyenné de Marigny, prieuré-cure de l'ordre de S. Augustin, dépendant de l'abbaye de Saint-Quentin de Beauvais. L'évêque a droit de visite et de procuration. Revenu, 900 l. Fabrique, 353 l.

Maizières-la-Grande-Paroisse, Aube, arr. Nogent-sur-Seine, cant. Romilly-sur-Seine.

73. Maraye-en-Othe (de Maraya), doyenné de Villemaur, prieuré-cure de l'ordre de S. Augustin, dépendant de l'abbaye de Saint-Martin-ès-Aires de Troyes. L'évêque a droit de visite et de procuration. Revenu, 300 l. Fabrique, 120 l.

Maraye-en-Othe, Aube, arr. Troyes, cant. Aix-en-Othe.

74. Marcilly-sur-Seine (de Marcilliaco), doyenné de Sézanne, prieuré-cure de l'ordre de S. Augustin, dépendant de l'abbaye de Chantemerle. L'évêque a droit de visite et de procuration. Revenu, 6,000 l.

Marcilly-sur-Seine, Marne, arr. Epernay, cant. Anglure.

75. Margerie (de Sancta Margareta), dans la paroisse du même nom, prieuré de l'ordre de S. Benoît, dépendant de Cluny. Exempt. L'évêque a droit de procuration. Revenu, 10,000 l. environ, sur lesquelles il y a bien mille écus de charges.

Margerie, Marne, arr. Vitry-le-François, cant. Saint-Remy-en-Bouzemont.

76. Marigny-le-Châtel (de Marigniaco), doyenné de Marigny, prieuré-cure de l'ordre de S. Augustin, dépendant de l'abbaye de Saint-Loup de Troyes. L'évêque a droit de visite et de procuration. Revenu, 600 l.

Marigny, Aube, arr. Nogent-sur-Seine, cant. Marcilly-le-Hayer.

77. Marnay (de Marnayo), dans l'église paroissiale du même nom, doyenné de Pont, prieuré de l'ordre de S. Benoît, dépendant de l'abbaye de Saint-Denis de Paris, et maintenant réuni à la maison de Saint-Cyr près Versailles. Il est exempt. Revenu, 3,252 l.

Marnay, Aube, arr. et cant. Nogent-sur-Seine.

Le Meix. Voir Allibaudières.

Méry-sur-Seine :

78. 1º Prieuré de Méry-sur-Seine (de Meriaco), dédié à S. Robert, dans la ville du même nom, doyenné d'Arcis, prieuré de l'ordre de S. Benoît, dépendant de l'abbaye de Molème. L'évêque a droit de visite et de procuration. Revenu, 800 l.

79. 2º Ancien hôtel-Dieu (domus Dei de Meriaco), dédié à l'Annonciation, à la collation de l'évêque. En 1220 il était desservi par des religieux. Le chapelain, institué par l'évêque,

est chargé d'enseigner à la jeunesse les premiers éléments de la langue latine.

Méry-sur-Seine, Aube, arr. Arcis.

80. Mœurs ou Meure (de Mora), doyenné de Sézanne, ancien hôpital, avec chapelle, fondé au hameau des Bordes; il a été détruit en 1592, puis réuni à l'hôpital de Sézanne.

Mœurs, Marne, arr. Epernay, cant. Sézanne.

81. Molins (de Molinis), doyenné de Brienne, prieuré-cure de l'ordre de S. Augustin, dépendant de l'abbaye de Saint-Loup de Troyes. L'évêque a droit de visite et de procuration. Revenu, 1,600 l. Fabrique, 50 l. environ.

Molins, Aube, arr. Bar-sur-Aube, cant. Brienne.

82. Montangon (de Monte Ingone), dans le doyenné de Brienne, hôpital qui en 1153 appartenait au prieuré de Saint-Sépulcre ou Villacerf. Cet hôpital avait déjà disparu en 1441.

Montangon, Aube, arr. Troyes, cant. Piney.

Montmorency. Voir Beaufort.

83. Monvinost (de Malovicino), sur la paroisse de Le Gault, prieuré de l'ordre de S. Benoît, dépendant de l'abbaye de Chézy. L'évêque a droit de visite et de procuration. Revenu, 350 l.

Monvinost, Marne, arr. Epernay, cant. Montmirail, comm. Le Gault.

84. Morsains (de Morcinis), dans le doyenné de Sézanne, prieuré-cure de l'ordre de S. Augustin, dépendant de l'abbaye de Saint-Jacques de Provins. L'évêque a droit de visite et de procuration. Revenu, 600 l. Fabrique, 60 l. environ.

Morsains, Marne, arr. Epernay, cant. Montmirail.

85. Neuvy (de Noviaco), doyenné de Sézanne, prieuré-cure de l'ordre de S. Augustin, dépendant de l'abbaye de Notre-Dame de Vertus. L'évêque a droit de visite et de procuration. Revenu, 1,800 l. Fabrique, 80 l.

Neuvy-l'Abbesse, Marne, arr. Epernay, cant. Sézanne.

86. Nogent-sur-Seine, doyenné de Pont, ancien hôtel-Dieu, incendié en 1576 et en 1580, desservi maintenant par trois sœurs de la maison de Nevers.

Nogent-sur-Seine, Aube.

Notre-Dame d'Arcis. Voir Arcis.

87. Notre-Dame-en-l'Ile de Troyes (de Beata Maria in Insula Trecensi), à Troyes, prieuré de l'ordre de S. Augustin, dépendant du Val-des-Ecoliers, réuni à l'évêché, puis donné aux Prêtres de la Mission qui y tiennent le Grand-Séminaire.

Notre-Dame de Pont. Voir Pont.

88. Origny-le-Sec (de Origniaco), doyenné de Marigny-le-Châtel, prieuré-cure de l'ordre de S. Augustin. dépendant de l'abbaye de Saint-Quentin de Beauvais. A la présentation de l'abbé de Saint-Quentin. L'évêque a droit de visite et de procuration. Revenu, 600 l. Fabrique, 80 l.

Origny-le-Sec, Aube, arr. Nogent, cant. Marcilly-le-Hayer.

89. Ortillon (Sainte-Madeleine d'Ortillon Sancta Magdalena de Ortillione), sur la paroisse de Chaudrey, doyenné d'Arcis, prieuré de l'ordre de S. Benoît, dépendant de l'abbaye de Marmoutiers. Il est exempt de la visite et de la procuration moyennant composition. Revenu, 171 l.

Ortillon, Aube, arr. Arcis, cant. Ramerupt.

90. Oyes (de S. Godone de Oya), doyenné de Sézanne, ancienne abbaye, puis prieuré conventuel de l'ordre de S. Benoit, dépendait de l'abbaye de Montier-la-Celle. L'évêque a droit de visite et de procuration. Réuni au Grand-Séminaire par décret du 3 avril 1698.

Saint-Gond, Marne, arr. Epernay, cant. Sézanne, comm. Oyes.

Payns :

91. 1º Prieuré de Payns (de Paganis) dans la paroisse du même nom, doyenné de Troyes, prieuré de l'ordre de S. Benoît, dépendant de l'abbaye de Montier-la-Celle. L'évêque a droit de visite et de procuration. Revenu net, 300 l.

92. 2º Ancien hôpital (Domus Dei de Paganis', réuni plus tard à la commanderie de Troyes.

Payns, Aube, arr. et 2e cant. Troyes.

93. Péas (de Peiaco, Peaz), sur le territoire de la paroisse de Péas, doyenné de Sézanne, prieuré régulier de l'ordre de S. Benoît, dépendant de l'abbaye de Molème. L'évêque a droit de visite et de procuration. Revenu 1,800 l.

Péas, Marne, arr. Epernay, cant. Sézanne.

94. Plancy (de Planceyo), ancien hôtel-Dieu dédié à S. Jean

et qui était desservi par des religieux en 1206. On dit encore
la messe deux fois par an dans la chapelle de l'hôtel-Dieu.
Plancy, Aube, arr. Arcis, cant. Méry.

95. La Perthe (de Perla), dédié à Notre-Dame, sur le territoire de Romaincourt ou le Petit-Mailly, doyenné d'Arcis,
prieuré de l'ordre de S. Benoît, dépendant de l'abbaye d'Au-
chy-les-Moines [Pas-de-Calais, arr. Saint-Pol-sur-Ternoise,
cant. Le Parck]. L'évêque a droit de visite et de procuration.
Revenu net, 764 l.
La Perthe, maintenant contrée du finage de Mailly, Aube,
arr. et cant. Arcis.

Pont-sur-Seine :

96. 2° Notre-Dame de Pont (de Beata Maria de Pontibus),
dans l'église Saint-Nicolas de Pont, prieuré de l'ordre de
S. Benoît, dépendant de l'abbaye de Cormery. L'évêque a
droit de visite et de procuration. Revenu net, 4,589 l.

97. 3° Saint-Jacques de l'Hermitage de Pont (de S. Jacobo de
Heremo), auprès de Pont-(sur-Seine), doyenné de Pont, prieuré
de l'ordre de S. Augustin, dépendant de Val-des-Écoliers.
Revenu, 1,700 l.

98. 1° Saint-Pierre de Pont (de S. Petro de Pontibus), dans
l'église paroissiale de Saint-Martin de Pont, doyenné de Pont,
prieuré de l'ordre de S. Benoît, dépendant de l'abbaye de
Montier-la-Celle. L'évêque a droit de visite et de procuration.
Revenu, 893 l.

99. 4° Ancien hôtel-Dieu (domus Dei de Pontibus). L'évêque
commet. On ne reçoit plus les pauvres dans cet hôtel ; des
Sœurs de charité y ont été établies et elles portent aux pauvres des secours à domicile.
Pont-sur-Seine, Aube, arr. et cant. Nogent-sur-Seine.

100. Potangis (de Potangeyo), doyenné de Pont, prieuré-
cure de l'ordre de S. Augustin, dépendant de l'abbaye de
Chantemerle. L'évêque a droit de visite et de procuration.
Revenu, 600 l. Fabrique, 50 l. environ.
Potangis, Marne, arr. Epernay, cant. Esternay.

101. Précy-Notre-Dame (de Presseyo B. Mariæ), doyenné
de Brienne, prieuré-cure de l'ordre de Prémontre, dépendant
de Basse-Fontaine. L'évêque a droit de visite et de procuration. Revenu, 600 l. Fabrique 22 l.
Précy-Notre-Dame, Aube, arr. Bar-sur-Aube, cant. Brienne.

102. Radonvilliers (de Radonvillari), dans l'église paroissiale du même nom, doyenné de Brienne, prieuré de l'ordre de S. Benoît, dépendant de l'abbaye de Molème. L'évêque a droit de visite et de procuration. Revenu, 8,000 l.

Radonvilliers, Aube, arr. Bar-sur-Aube, cant. Brienne.

Ramerupt :

103. 1º Prieuré de Ramerupt (de Rameruco), sur la paroisse de Ramerupt, doyenné d'Arcis ; prieuré de l'ordre de S. Benoît, dépendant de Marmoutiers. Il est exempt de la visite et de la procuration moyennant composition. Revenu net, 847 l.

104. 2º Ancien hôtel-Dieu Saint-Nicolas (Domus Dei S. Nicholai), fondé au XIIᵉ siècle. Réuni à l'hôtel-Dieu d'Arcis.

Ramerupt, Aube, arr. Arcis.

405. Ranfroissard ou Saint-Victor (de Ranfroissardo), sur la paroisse de Soulaines, doyenné de Brienne, prieuré de l'ordre de S. Benoît, dépendant de l'abbaye de Montiéramey. L'évêque a droit de visite et de procuration. Revenu, 150 l.

Saint-Victor, Aube, arr. Bar-sur-Aube, cant. et comm. Soulaines.

106. Rhèges (de Regiis), dédié à Notre-Dame, maintenant dans l'église paroissiale de Rhèges, doyenné d'Arcis, prieuré de l'ordre de Cluny, dépendant du doyenné de Gaye. Exempt. Revenu net, 989 l.

Rhèges, Aube, arr. Arcis, cant. Méry-sur-Seine.

107. Rigny-aux-Biques ou La Nonneuse (Regniacum la Noueus, de S. Columba de Rigniaco), dédié à sainte Colombe, dans la paroisse de Rigny-la-Nonneuse, qui est succursale de Saint-Pierre de Bossenay, et en un lieu dit Rigny-aux-Biques, doyenné de Marigny, prieuré de l'ordre de S. Benoît, dépendant de l'abbaye de Sainte-Colombe de Sens. Il ne reste plus que la chapelle dédiée à sainte Colombe. Exempt de la juridiction de l'évêque. Revenu net, 300 l.

Sainte-Colombe, Aube, arr. Nogent-sur-Seine, cant. Marcilly-le-Hayer, comm. Rigny-la-Nonneuse autrement dite Saint-Pierre-de-Bossenay.

108. Romilly-sur-Seine (de Romilliaco), dans la paroisse du même nom, doyenné de Romilly, prieuré de l'ordre de S. Benoît, dépendant de l'abbaye de Montier-la-Celle et attaché à la

chapelle Saint-Symphorien dans l'église paroissiale de Romilly. L'évêque a droit de visite et de procuration. Revenu, 1,000 l.
   Romilly-sur-Seine, arr. de Nogent-sur-Seine.

   Rosnay :

   109. 1° Prieuré de Rosnay (de Ronasco), doyenné de Margerie, dans l'église du même lieu; prieuré de l'ordre de S. Benoît, dépendant de l'abbaye de Montiérender. L'évêque a droit de visite et de procuration. Revenu net, 1,200 l. — Voir aussi *Saint-Nicolas de Rosnay*.

   110. 2° Saint-Nicolas de Rosnay (de Sancto Nicolao de Ronasco), doyenné de Margerie, prieuré-hôpital près de Rosnay, il dépendait autrefois du prieuré-hôpital de la Chapelle-Lasson. Exempt de la visite et de la procuration d'après le Pouillé de 1407.
   Rosnay, Aube, arr. Bar-sur-Aube, cant. Brienne.

   Saint-Blaise. Voir Saint-Jean-en-Châtel de Troyes.

   Sainte-Colombe de Bailly. Voir Bailly.

   Sainte-Colombe de Rigny. Voir Rigny-aux-Biques ou La Nonneuse.

   Sainte-Croix de Laines-aux-Bois. Voir Laines-aux-Bois.

   Saint-Flavit de Villemaur. Voir Villemaur.

   Saint-Gond d'Oyes. Voir Oyes.

   111. Saint-Georges de Gannay (de Gannayo), dans la paroisse de Vallant, doyenné de Marigny, prieuré de l'ordre de S. Augustin, dépendant de l'abbaye de Saint-Quentin de Beauvais. L'évêque a droit de visite et de procuration. Revenu, 1,000 l.
   Saint-Georges, Aube, arr. Arcis-sur-Aube, cant. Méry-sur-Seine, comm. Vallant-Saint-Georges.

   112. Saint-Hilaire (de S. Hilario), uni à la chapelle Saint-Claude dans l'église de Saint-Hilaire, doyenné de Pont, prieuré de l'ordre de Saint-Benoît, dépendant de l'abbaye de Molême. L'évêque a droit de visite et de procuration. Revenu, 1,523 l.
   Saint-Hilaire, Aube, arr. et cant. Nogent-sur-Seine.

   Saint-Jacques du Haut-Pas de Barbonne. Voir Barbonne.
   Saint-Jacques de l'Hermitage de Pont. Voir Pont.

   113. Saint-Jacques de Troyes (de S. Jacobo Trecensi), prieuré conventuel de l'ordre de S. Benoît, dépendant de Cluny.

Il a été uni à la Trinité de la Rédemption des Captifs. Le supérieur est appelé Ministre ou Prieur ; il est nommé par le général des Mathurins et n'est point révocable. Revenu, 3,000 l.

114. Saint-Jean-en-Châtel de Troyes, puis Saint-Blaise (de S. Johanni in Castro Trecensi et de S. Blasio), dans l'ancien Château de Troyes, prieuré de l'ordre de S. Benoît, dépendant de l'abbaye de Montiéramey, à laquelle il est réuni. Il n'y a plus qu'une chapelle. L'évêque a droit de visite et de procuration. Revenu, 1,600 l.

Saint-Julien de Sézanne. Voir Sézanne.

Saint-Just :

115. 1° Prieuré de Saint-Just (de S. Justo), dans l'église de la paroisse du même nom, doyenné de Sézanne ; prieuré de l'ordre de S. Benoît, dépendant de l'abbaye de la Charité-sur-Loire. Il est exempt de la visite, il doit la procuration à l'évê-que. Revenu...

116. 2° Saint-Just (domus Dei de S. Justo), ancien hôtel-Dieu, réuni maintenant à l'ordre de Saint-Lazare.

Saint-Just, Marne, arr. Epernay, cant. Anglure.

Saint-Lazare. Voir les Deux-Eaux.

117. Saint-Léger-sous-Brienne (de Sancto Leodegario), doyenné de Brienne. La chapelle du prieuré forme un même corps avec la paroisse, prieuré de l'ordre de S. Benoît, dépendant de l'abbaye de Montiérender. L'évêque a droit de visite et de procuration. Revenu en 1780, 3,200 l.

Saint-Léger-sous-Brienne, Aube, arr. Bar-sur-Aube, cant. Brienne.

Sainte-Madeleine d'Herbisse. Voir Herbisse.

Sainte-Madeleine d'Ortillon. Voir Ortillon.

118. Sainte-Maure (de Sancta Maura), doyenné de Troyes, prieuré-cure de l'ordre de S. Augustin, dépendant de l'abbaye de Saint-Martin-ès-Aires de Troyes. L'évêque a droit de visite et de procuration. Revenu, 900 l. Fabrique, 360 l.

Sainte-Maure, Aube, arr. et 1er cant. Troyes.

119. Saint-Mesmin (de S. Memorio), dans la paroisse du même nom, doyenné de Marigny, prieuré de l'ordre de Saint-

Benoît, dépendant de l'abbaye de Montier-la-Celle. L'évêque a droit de visite et de procuration. Revenu, 1,000 l.

Saint-Mesmin, Aube, arr. Arcis-sur-Aube, cant. Méry-sur-Seine.

Saint-Nicolas. Voir Allibaudières.

Saint-Nicolas. Voir La Chapelle-Saint-Nicolas.

Saint-Nicolas de Jessains. Voir Jessains.

Saint-Nicolas de Rosnay. Voir Rosnay.

120. Saint-Phal (de Sancto Fidolo), dans la paroisse du même nom, doyenné de Troyes, prieuré de l'ordre de S. Benoît, dépendant du prieuré de Coincy. L'évêque a droit de procuration et non de visite. Revenu net, 1,500 l.

Saint-Phal, Aube, arr. Troyes, cant. Ervy. — Coincy, Aisne, arr. Château-Thierry, cant. Fère-en-Tardenois.

121. Saint-Pierre-aux-Prés (in Pratis), dans la paroisse de Châtres, doyenné de Marigny, prieuré de l'ordre de S. Benoît, dépendant de l'abbaye de Montier-la-Celle et maintenant réuni à la mense abbatiale. L'évêque a droit de visite et de procuration. Revenu, 800 l.

Saint-Pierre-aux-Prés, Aube, arr. Arcis-sur-Aube, cant. Méry-sur-Seine, comm. Châtres.

Saint-Pierre de Pont. Voir Pont.

122. Saint-Quentin de Troyes (de S. Quintino Trecensi), prieuré simple en commende de l'ordre de S. Benoît, dépendant de l'abbaye de Molème. L'évêque a droit de visite et de procuration. Revenu, 1,000 l.

123. Saint-Remy-sous-Barbuise (de Sancto Remigio subtus Barbusiam), dédié à sainte Berthe, maintenant dans l'église paroissiale de Saint-Remy, doyenné d'Arcis, prieuré de l'ordre de S. Benoît, dépendant de l'abbaye de Hautvillers. L'évêque a droit de visite et de procuration. Revenu, 138 l.

Saint-Remy-sous-Barbuise, Aube, arr. et cant. Arcis.

124. Saint-Sépulcre (de Sancto Sepulchro), dans la paroisse de Villacerf, doyenné de Troyes, prieuré de l'ordre de S. Benoît, dépendant de l'abbaye de Cluny par la Charité. L'évêque a droit à la procuration et non à la visite. Revenu, 2,600 l.

Villacerf, Aube, arr. et cant. Troyes. — La Charité, Nièvre, arr. Cosne.

Saint-Victor. Voir Ranfroissard.

125. Sainte-Thuise (de S. Theodosia), dans la paroisse de Jasseines, doyenné de Margerie, prieuré de l'ordre de S. Benoît, dépendant de l'abbaye de Montiéramey. L'évêque a droit de visite et de procuration. Revenu net, 500 l.

Sainte-Thuise, Aube, arr. Arcis-sur-Aube, cant. Ramerupt, comm. Dommartin-le-Coq.

126. Saint-Vinebaud (de S. Vinebaldo), dans la paroisse de Saint-Pierre de Bossenay, doyenné de Marigny, prieuré de l'ordre de S. Augustin, dépendant de l'abbaye de Saint-Loup de Troyes, réuni en 1783 à la mense de l'abbaye de Saint-Loup en faveur des Ecoles chrétiennes ; il n'a plus qu'une chapelle dédiée à S. Vinebaud. L'évêque a droit de visite et de procuration. Revenu net, 200 l.

Saint-Vinebaud, Aube, arr. Nogent-sur-Seine, cant. Marcilly-le-Hayer, comm. Rigny-la-Nonneuse autrement dite Saint-Pierre de Bossenay.

127. Saron (de Sarone), dans la paroisse de ce nom, doyenné de Sézanne, prieuré de l'ordre de S. Benoît, dépendant de l'abbaye de Chézy. L'évêque a droit de visite et de procuration. Revenu net, 475 l.

Saron, Marne, arr. Epernay, cant. Anglure.

Sézanne :

128. 1° Saint-Julien de Sézanne (de S. Juliano de Sezania), doyenné de Sézanne, prieuré conventuel de l'ordre bénédictin de Cluny, dépendant de la Charité-sur-Loire. Il est exempt ; l'évêque a droit de visite et de procuration. Mense des religieux, 1,598 l. Mense du prieur, 5,816 l. et net 2,184 l.

129. 2° Ancien hôtel-Dieu (domus Dei de Sezania), les Sœurs de la Charité y ont été établies en 1681 pour le desservir. L'évêque commet.

Sézanne, Marne, arr. Epernay.

130. Soulaines (domus Dei de Sublanis), ancien hôtel-Dieu Saint-Jean, à l'extrémité du bourg, doyenné de Brienne, réuni à l'hôpital de Brienne. Voir Ranfroissard.

Soulaines, Aube, arr. Bar-sur-Aube.

131. Le Temple de Troyes, commanderie, à la collation du grand maître de Malte.

132. Le Thoult (de Tullo), dans l'église paroissiale du même lieu, doyenné de Sézanne, prieuré de l'ordre bénédictin de Cluny, dépendant du prieuré de Gaye. Revenu net, 490 l.

Le Thoult, Marne, arr. Epernay, cant. Montmirail.

133. Tréfols (de Treffox, Tresfagi), doyenné de Sézanne, prieuré-cure de l'ordre de S. Augustin, dépendant de l'abbaye d'Essômes. L'évêque a droit de visite et de procuration. Revenu, 1,500 l. Fabrique, 80 l. au moins.

Tréfols, Marne, arr. Epernay, cant. Montmirail.

134. La Trinité-Saint-Jacques de Troyes. Voir Saint-Jacques de Troyes.

135. Saint-Utin (domus Dei de S. Augustino), hôtel-Dieu, qui, au mois de janvier 1248, était desservi par des religieux de l'ordre de S. Augustin. Ensuite il fut réuni à l'hôtel-Dieu-le-Comte de Troyes.

Saint-Utin, Marne, arr. Vitry-le-François, cant. Sompuis.

Troyes :

[Par arrêt du Conseil du 13 avril 1630 et lettres-patentes du mois de janvier 1631, les 6 hôpitaux qui suivent, ensemble tous leurs biens, ont été réunis sous une seule administration :]

136. Hôtel-Dieu-le-Comte ou Hôtel-Dieu Saint-Etienne, fondé par le comte Henri Ier et autrefois dirigé par deux communautés de religieux et de religieuses de l'ordre de S. Augustin. A présent il y a un maître spirituel nommé par le roi et sept religieuses dont la supérieure est triennale.

137. Hôtel-Dieu Saint-Abraam, fondé en 1179 par le comte Henri Ier et autrefois dirigé par deux communautés de religieux et de religieuses de l'ordre de S. Augustin ; ensuite maison de Filles repenties ; à présent il n'y a plus qu'une chapelle dont la démolition vient d'être ordonnée.

138. Hôtel-Dieu Saint-Bernard, fondé au plus tard en 1147 et dirigé par des chanoines réguliers qui dépendaient du Grand-Saint-Bernard ; ensuite l'église et les bâtiments ont été occupés par les Filles du Bon-Pasteur jusqu'en 1749.

139. Hôtel-Dieu Saint-Esprit, anciennement dirigé par deux communautés, l'une de religieux, l'autre de religieuses, de

l'ordre de S. Augustin. L'église et les bâtiments ont été abandonnés aux PP. de l'Oratoire.

140. Saint-Nicolas, le plus ancien des hôpitaux de Troyes. Il y avait autrefois deux communautés, l'une de religieux et l'autre de religieuses de l'ordre de S. Augustin. Il ne reste plus présentement qu'un maître spirituel, il a la qualité de prieur et il est à la nomination du Chapitre de la cathédrale.

141. La Trinité, fondé par Jean de Mauroy et Louise de Pleurs, sa femme, pour douze enfants, qui y entrèrent le jour de la Pentecôte 1582. Ils sont à la nomination des héritiers des fondateurs. Il y a un maître spirituel, nommé par l'évêque.

142. Valdieu (de Valle Dei), prieuré conventuel détruit par les hérétiques en 1567, maintenant dans une chapelle de l'église paroissiale de Verdey, doyenné de Sézanne, prieuré de l'ordre de S. Benoît, dépendant du Val-des-Choux au diocèse de Langres. L'évêque a droit de visite et de procuration. Revenu, 2,000 l.

Valdieu, Marne, arr. Epernay, cant. Sézanne, comm. Lachy.

143. La Vaucelle (de Vaucella), dans la paroisse de Boissy-le-Repos, doyenné de Sézanne, prieuré de femmes de l'ordre de S. Benoît, dépendant de l'abbaye de Faremoutier du diocèse de Meaux.

La Vaucelle, Marne, arr. Epernay, cant. Montmirail, comm. Boissy-le-Repos.

144. Viâpres-le-Grand (de Viaspera Magna), doyenné d'Arcis, prieuré-cure de l'ordre de S. Augustin, dépendant de l'abbaye de Toussaints-en-l'Isle de Châlons. L'évêque a droit de visite et de procuration tous les ans qu'il fasse ou non la visite. Revenu, 800 l. Le principal revenu de la fabrique consiste en 88 boisseaux moitié seigle, moitié avoine, et en un taillis dont on tire tous les quatre ans environ 20 écus.

Viâpres-le-Grand, Aube, arr. Arcis, cant. Méry-sur-Seine.

Villacerf. Voir Saint-Sépulcre.

Villemaur :

145. 1° Saint-Flavit de Villemaur (de S. Flavito Villemauri), dans le bourg même de Villemaur, doyenné de Villemaur, prieuré de l'ordre de S. Benoît. L'évêque a droit de visite et de procuration. Revenu, 1,000 l.

146. 2° Hôtel-Dieu (domus Dei de Villamauro), qui a été détruit par le feu en 1594. Les biens sont administrés par un bureau composé du doyen-curé, des premiers officiers du bailliage, maire et échevins.

Villemaur, Aube, arr. Troyes, cant. Estissac.

147. Villemoyenne (de Villemedia), doyenné de Troyes, prieuré-cure de l'ordre de S. Augustin. Autrefois le prieur de Notre-Dame-en-l'Isle de Troyes présentait à la cure de Villemoyenne, mais depuis la réunion de ce prieuré à l'évêché, l'évêque confert la cure de Villemoyenne à un religieux de l'ordre de S. Augustin. Revenu, 1,000 l. Fabrique, 200 l.

Villemoyenne, Aube, arr. et cant. Bar-sur-Seine.

Villenauxe :

148. 1° Prieuré de Villenauxe (de Villonixa), doyenné de Pont; prieuré-cure de l'ordre de S. Augustin, dépendant de l'abbaye de Saint-Quentin de Beauvais. L'évêque a droit de visite et de procuration. Revenu, 3,671 l. Fabrique, 1,800 l. Maintenant réuni au collège des Jésuites de Paris pour les Missions de la Chine.

149. 2° Hôtel-Dieu (domus Dei de Villonixa). L'évêque commet.

Villenauxe, Aube, arr. Nogent-sur-Seine.

150. Villeneuve-aux-Riches-Hommes (de Villanova Divitum Hominum), dans la paroisse de ce nom, doyenné de Marigny, prieuré de l'ordre de S. Benoît, dépendant de l'abbaye de Molême. L'évêque a droit de visite et de procuration. Revenu, 800 l.

Villeneuve-aux-Riches-Hommes, Aube, arr. Nogent-sur-Seine, cant. Marcilly-le-Hayer, comm. Trancault.

151. Villeneuve-la-Lionne (de Villanova Leonis), doyenné de Sézanne, prieuré-cure de l'ordre de S. Augustin, dépendant de l'abbaye de Notre-Dame de Vertus. L'évêque a droit de visite et de procuration. Revenu, 2,400 l. Fabrique, 250 l.

Villeneuve-la-Lionne, Marne, arr. Epernay, cant. Esternay.

Arcis-sur-Aube. — Impr. Léon Frémont.